THE PARTY IS NOT OVER

LA FIESTA NO HA TERMINADO

CECILIA CASTRO LEE

Vabella Publishing
P.O. Box 1052
Carrollton, Georgia 30112
www.vabella.com

Cover art *The Dreamer* by Pattie Garrett, dab Pattie Garrett, Fine Art in Oils
Email: PattieGarrettArt@gmail.com
Website: www.BestofMissouriHands.org/PattieGarrett

13-digit ISBN 978-1-942766-69-8

Library of Congress Control Number 2020934224

10 9 8 7 6 5 4 3 2 1

For Michel and
Andrea with love
and friendship
Enjoy!

Cecelia C. Lee

Carrollton, August 28
2020

To the memory of my parents,

Ana Francisca Quiroga de Castro y Diego Castro Barrera

I dedicate this book with love and gratitude to my husband, Carey Lee,

To my children Susana, Phillip, and Sara and her husband Andrew,

To my grandchildren Alec, Kaylee, Olivia, and Paige.

To my brothers and sister,

Luis Augusto, Diego, Francisco, Magdalena, and their families.

To Carey's family in the United States

And my family in Colombia.

To all my friends.

And specially to the people afflicted with cancer.

Carrollton, Georgia, 2020

A la memoria de mis padres,

Ana Francisca Quiroga de Castro y Diego Castro Barrera

Con singular afecto y gratitud dedico este libro a mi esposo Carey Lee,

a mis hijos, Susana, Phillip, Sara y su esposo Andrew,

a mis nietos Alec, Kaylee, Olivia y Paige.

Con todo cariño para mis hermanos y mi hermana

Luis Augusto, Diego, Francisco y Magdalena y sus familias.

A la familia de mi esposo en los Estados Unidos,

a mi querida familia en Colombia y

a mis amigos y amigas,

y en especial a los enfermos de cáncer.

Carrollton, Georgia, 2020

Table of Contents

Tabla de contenidos

Introduction

The diagnosis filled me with anguish and fear; however, I soon realized that I needed courage to face what was to come with my cancer treatment. I found refuge in my faith, the love of my family, and the care of my friends. The night before the first appointment with my oncologist, I was moved by my husband's caring words, as he whispered to me, "I wish I were the one and not you suffering this misfortune."

The encounter with my oncologist was memorable. Dr. Bradley Larson's diagnosis was clear and precise. His accurate strategy for my treatment demonstrated his vast medical knowledge. In addition to his expertise and professional ethics, he also showed sincere concern about my wellbeing. He made me feel reassured and ready to fight the enemy. I said to myself, "The party is not over. There is life ahead for me. I am not alone. God is with me." I will always be thankful to Dr. Larson and to his extraordinary team of nurses and staff for their care and determination.

The bilingual poems that you, dear reader, will encounter, will take you on my journey. You will see my descent into the dark night of the soul, my daily struggle, the emotions of each moment, the stormy night, the light within me, the beauty of a winter garden, the hopes and dreams of my soul, along with the loving care of my family, my husband, our three children, the generosity of my grandchildren, my sister's courage, the kindness of my brothers and family in Colombia, and our relatives everywhere. You will see that my poetic journey ends with the triumph of medical science, faith, and perseverance. You will read my jubilant words of thanksgiving and appreciation. Life is a party with multiple dances and we must join them.

Writing poetry in two languages fascinates me. It is a creative approach to reconcile my two worlds and to connect with larger audiences. Spanish is my native language. I have taught languages at several universities in the United States. I encourage you to read my poems in both languages. I live in two wonderful worlds. I have two suns. I have two moons. I speak two languages. I am richer than I thought. I am divided, yet, I am whole.

Poetry may not cure our bodies' illnesses, but it will liberate our souls.

I will dance to the music in the air.
I will whirl with the autumn leaves
before their final fall.
I will swing with restless winds.
Time will be merciful.
I will raise my own Olympic flame,
while cherishing my poetic dream.
No, the party is not over.

Cecilia Castro Lee

Introducción

El diagnóstico me llenó de angustia y miedo. Sin embargo, pronto comprendí que debía tener la entereza para afrontar lo que habría de venir con el tratamiento para el cáncer. Me refugié en mi fe, en el amor de mi familia y el cariño de mis amigos. La noche anterior a la primera cita con mi ontólogo, me conmovieron las palabras que mi esposo me susurró al oído: "Cuánto diera porque fuera yo y no tú quien padeciera esta dura experiencia."

El encuentro con mi oncólogo fue memorable. El diagnóstico del Dr. Bradley Larson fue claro y preciso. Sus certeras estrategias para mi tratamiento demostraban su vasto conocimiento de la ciencia médica. Además de su experiencia y su ética profesional, él me manifestó su consideración y sincero interés por mi bienestar. Me hizo sentir segura y lista para combatir al enemigo. Me dije a mí misma, "La fiesta no ha terminado. Tengo vida por delante. No estoy sola. Dios está conmigo." Siempre estaré agradecida con el Dr. Larson y su equipo de enfermeras y personal técnico por su esmerada atención y determinación.

Los poemas bilingües que vas a encontrar, querido lector, te revelarán mi descenso a la noche oscura del alma, mis luchas diarias, las emociones de cada momento, los altibajos, la noche de tormenta, la luz dentro de mí, la belleza de un jardín de invierno, los sueños y esperanzas de mi alma, junto con el amor y las atenciones de muchísima gente, los cuidados y ternuras de mi íntima familia, mi esposo, mis hijas y mi hijo, la generosidad de mis nietos, la valentía de mi hermana, el cariño de mis hermanos en Colombia y de nuestros parientes en muchas partes. Mi jornada poética culmina con el triunfo de la ciencia médica, de la fe, y la perseverancia. Leerás mis palabras jubilosas de aprecio y agradecimiento. La vida es una fiesta con múltiples danzas y hay que entrar de lleno en ellas.

Escribir poesía en dos lenguas me fascina. Es una bella forma de conciliar mis dos mundos y de conectarme con un público lector más amplio. El español es mi lengua materna. Ye he enseñado idiomas en varias universidades de los Estados Unidos. Te invito a que leas mis poemas en los dos idiomas. Yo vivo en dos mundos maravillosos. Tengo dos soles. Tengo dos lunas. Hablo dos lenguas. Soy más rica de lo que creía. Estoy dividida, no obstante, soy una.

La poesía puede no curar nuestros males del cuerpo, pero libera y descarga nuestras almas.

Danzaré al ritmo de la música en el aire.
Giraré con las hojas del otoño
antes de su caída.
Vibraré con vientos agitados.
El tiempo me será piadoso.
Blandiré mi propia llama Olímpica
mientras acaricio mi sueño poético.
No, la fiesta no ha terminado.

Cecilia Castro Lee

Nightmare

Amorphous and dreadful monsters
Insatiably devour my insides.
Growing beyond measure,
The freaks
Aim to bring me down.
These evil doers
Have declared a sinister war
Claiming me as their bounty.

I shall bring them to their knees.
I shall fight them to their death.
Their terrifying deeds
Doomed to fail.
A host of earthly angels
And a legion of brave knights
Will lead me to success.

The nightmare must end.

La pesadilla

Monstruos amorfos y terribles

Voraces consumen mis entrañas.

Creciendo sin mesura,

Los adefesios

Intentan doblegarme.

Los malvados

Declaran una guerra siniestra

Para adueñarse de mí, su gran botín.

Yo los haré postrarse de rodillas.

Los combatiré hasta su estertor.

Sus temibles hazañas

Se verán fallidas.

Una hueste de ángeles terrenales

Y una legión de nobles caballeros

Culminarán mi fiero batallar.

La pesadilla debe terminar.

The Stormy Night

A storm in the darkness of night
Breaks the silence of placid sleep.
Roaring wind, lightning, enraged thunder
Create an ominous atmosphere.
Rain beats on my window
Soaking the ground.

A menacing storm agitates
My vulnerable spirit.
Furious wind and explosive thunder
Awaken my sorrows and my fears.
I cry in silence, without tears,
Fighting adversity with hopeful prayers.

He will restore my soul.

Noche de tormenta

Una tormenta al filo de la noche
Rompe el silencio del plácido sueño.
Vientos rugientes, relámpagos, enardecidos truenos
Crean una atmósfera fatídica.
La lluvia golpea mi ventana
Empapa la tierra.

Una amenazadora tormenta abate
Mi vulnerado espíritu.
Vientos nefastos, angustiosos truenos
Alertan mis penas y temores.
Lloro en silencio, sin lágrimas,
Venciendo la adversidad con preces de esperanza.

Él renovará mi espíritu.

Sara's Gentle Touch

Sara's gentle touch and soothing voice,
A healing balm
For my wounded body and afflicted soul.

By my side, comforting and calm,
She lessens my fear and eases my pain
As the medicine drips into my veins.

Delightful gifts of lotions, bath salts, and cozy gowns,
Warm symbols of her love,
Grant me treasures of joy.

She brings to our table bounties of the earth
To nourish our bodies and to restore my strength.
We break bread together with faith and hope.

Like the fragrance of a rose,
Sara shares her tender loving hands,
With grace that sweetens each day.

Mother and daughter bond
In bliss and sorrow.

Las suaves manos de Sara

Las suaves manos de Sara y su dulce voz,
Bálsamo que alivia
Mi cuerpo herido y mi alma desolada.

A mi lado, serena y solidaria,
Atenúa mis temores y alivia mis pesares
Mientras la medicina penetra por mis venas.

Sus bellos regalos, lociones, sales, prendas delicadas,
Cálidos símbolos de amor,
Me deparan raudales de alegría.

Sirve a nuestra mesa los frutos de la tierra,
Nutre nuestros cuerpos y restaura mis fuerzas.
Partimos el pan en familia con fe y esperanza.

Igual que la fragancia de una rosa,
Sara ofrece los cuidados y ternuras de sus manos
Donaires que endulzan cada día.

Madre e hija estrechamos lazos amorosos
En el gozo y en la pena.

Friendship: A Shower of Blessings

Faith, family, and friends,
My source of relief and consolation,
As I wade through troubled waters
In search of solid ground.

They offer greetings, gifts, and prayers
Pleading to restore my wounded body.
I embrace the medicine of laughter
And the healing power of my caring friends.

Gathered around the table, savoring a cappuccino,
I hear their comforting words and cheering wishes.
They bring flowers, sweets, cards, and a precious crucifix.
With a grateful smile, I relish the warmth of their presence.

I am inundated by a shower of blessings.
I bathe in pools of hope.
I revel in the thought that when my wings
Grow stronger, I will fly again.

The butterfly will regain her zest.

Amistad: lluvia de bendiciones

La fe, la familia y los amigos,
Mis fuentes de alivio y desahogo,
Mientras avanzo en aguas turbulentas
En busca de seguros suelos.

Me ofrecen cumplidos, regalos y oraciones
Implorando restaurar mi cuerpo herido.
Con gozo acojo la medicina de la risa
Y el poder curativo de amigos cariñosos.

Reunidos en torno de una mesa saboreando un capuchino,
Escucho sus voces de aliento cargadas de ternura.
Me obsequian flores, dulces, tarjetas y un bello crucifijo.
Yo les sonrío agradecida por su presencia generosa.

Me inunda un aluvión de bendiciones.
Me zambullo en pozos de esperanza.
Me ilusiona saber que cuando mis alas
Se hagan fuertes, otra vez alzaré vuelo.

La mariposa cobrará sus bríos.

It Will Grow Back

Wilting roses softly drop their petals,
their last fragrance lingers still.
Golden autumn leaves fall to the ground.
Bare trees await the miracle of Spring.
Poets strip their poems of frills
seeking the truest essence of things.
I ponder these cycles, reflections of my new reality.
My oncologist kindly warns me:
You will lose your lovely hair.
I am sorry. It will grow again.

My sister arrives. She comes from afar.
She looks at me and sees I need help.
Courageous and determined, she takes on the unpleasant task.
I feel her hand, a gentle touch,
as she carefully shaves my head.
I close my eyes and pass my hand over my naked head,
my crowning glory scattered on the floor.
A strange feeling. I am scared.
I do not want to look in the mirror.
I thank her for her tender loving care.

We embrace. Our souls entwine.
She whispers in my ear:
Do not worry. It will grow back.

Te volverá a crecer

Las rosas mustias dejan caer sus suaves pétalos
esparciendo su última fragancia.
Las hojas doradas del otoño caen sobre el prado.
Los árboles desnudos esperan el milagro de la primavera.
Los poetas puros despojan su verso de lujos y finezas
buscando la auténtica esencia de las cosas.
Yo contemplo estos ciclos, reflejos de mi nueva realidad.
Mi ontólogo me previene compasivo:
Se te va a caer tu hermoso pelo.
Lo siento. Te volverá a crecer.

Mi hermana me visita. Viene de lejos.
Me mira y ve que necesito ayuda.
Valiente y decidida se entrega a la penosa tarea.
Siento el roce de su mano, suave caricia,
mientras me rasura la cabeza.
Cierro los ojos y paso la mano sobre mi cabeza lisa.
Mi cabellera dispersa por el suelo.
Me siento extraña. Tengo miedo.
No quiero mirarme en el espejo.
Le doy sentidas gracias por sus cuidados y ternura.

Nos abrazamos, nuestras almas enlazadas.
Me susurra al oído,
No te preocupes. Te volverá a crecer.

Hearts of Gold

Kind, sweet, and generous,
My twin granddaughters, Olivia and Paige,
Offered me proof of their love, their compassion,
And their solidarity with my plight.

These six-year olds, with hearts of gold,
Had their beautiful long, silky, chestnut manes cut.
Their precious locks, packed with care,
Sacrificed to make hairpieces for patients
Like me who have lost their hair.

Pictures of my granddaughters' smiling faces,
Before, lovely girls with long, silky, chestnut hair.
After, radiant cherubim with cute, bobbed hair.
I treasure their heroic, adorable, and big-hearted offering.
May God bless these angels and their thoughtful mother.
Their gift of love has brought me immeasurable joy.

Corazones de oro

Tiernas, dulces y generosas,
Mis nietecitas gemelas, Olivia y Paige,
Me han demostrado su amor, su compasión,
Y su solidaridad con mi dolencia.

Con sólo seis años y corazones de oro,
Se hicieron cortar su hermoso cabello largo, castaño y sedoso.
Sus preciosas melenas, empacadas con esmero,
Sacrificadas para hacer pelucas para pacientes,
A quienes como a mí, se les ha caído el pelo.

En las fotos, mis nietas, caritas risueñas,
Antes, niñas bellas con su cabello largo, castaño y lustroso,
Después, querubes radiantes con su primoroso pelo corto.
Yo atesoro su ofrenda heroica, adorable y bondadosa.
Dios bendiga a estos ángeles y a su noble madre.
Su entrañable dádiva me ha llenado de inmensurable gozo.

A Host of Earthly Angels

(*Love is their wings.* St. Augustine)

Human to the core, with a touch of divine,
A host of Earthly Angels envelopes our home.
Angels of Light, Angels of Mercy, Scribes and Powers
Labor with love and joy during this trying Christmas.

Diligent and caring, hardworking angels
Cook hearty meals and do the heavy chores.
Little ones, with smiling faces and cherubim wings,
Fluff my pillow and cover my feet.

Endearing angels take care of my needs.
Schedule my medicine, nurse my fatigue.
Caring hands knit caps and a prayer shawl,
Warming my body and soul.

Artistic angels bring sparkles of beauty and bliss,
Our home glows like a starry night.
Traveling angels come from afar, messengers of hope,
Harmonic angelic voices make our spirits soar.

One special archangel leads us in prayer
Dispelling the clouds in the heavy air.
He evokes the Lord's words, "Do not be afraid,"
"My Peace I give you," as He calms the seas.

I pray for Angels from above to grant me the drive
To continue with my life and my endeavors.
Sharing the anxiety of other suffering patients,
I strive to uplift their faith, trust and endurance.

Like a luminous dream, this flock of Earthly Angels
Lingers in our heart. *Love is their wings.*
My burden lightens; my fears diminish.
I am not alone.

Una hueste de ángeles terrenales

(*El amor son sus alas.* San Agustín)

Humanos hasta el fondo con fulgores divinos,
Una hueste de Ángeles Terrenales alegra nuestro hogar.
Ángeles de Luz. Ángeles Piadosos. Escribas y Poderes
Laboran con gozo y amor en esta Navidad.

Diligentes y bondadosos, ángeles trabajadores
Preparan las comidas, hacen los quehaceres.
Otros pequeñitos, de caras sonrientes y alas de querubes,
Acomodan mi almohada y me arropan los pies.

Ángeles piadosos me atienden con esmero
Me dan las medicinas y alivian mis fatigas.
Manos amorosas me tejen gorros y un bello chal,
Abrigo para mi cuerpo, solaz para mi alma.

Ángeles artistas despliegan fulgores de hermosura.
Nuestro hogar brilla cual cielo estrellado.
Ángeles vienen de tierras lejanas, heraldos de esperanza.
Voces angelicales, armoniosas, elevan nuestro espíritu.

Un arcángel especial nos guía en la oración
Disipando las sombras en el aire.
Nos recuerda las palabras del Señor, "No teman,"
"Mi paz les dejo," a tiempo que calma el agitado mar.

Pido a los ángeles celestiales que me infundan fortaleza
Para seguir adelante con mi vida y mis faenas.
Comparto la ansiedad de otros enfermos,
Aliento su paciencia, confianza y entereza.

Como un sueño luminoso, este enjambre piadoso
Vive en nuestras almas: *el amor* son *sus alas.*
Mi carga se aligera, se atenúan mis temores.
No estoy sola.

My To-Do List

Get well
Get well
Get well
Get more medicine
Get more steroids
Get more X-rays
Get more chemo and more infusions
Get some sleep
Get some rest.

Stop worrying
Stop complaining
Stop thinking
Stop annoying the rest of the world.

Keep busy
Keep writing
Keep cooking and cleaning
Keep hoping and praying
Keep smiling until the end of the day.

Do not forget to do the laundry
Do not forget to pick up the mail
Do not forget to write the thank you notes
Do not forget your next appointments: Dr. Smith, Dr. Lewis,
and Dr. Gray.
Do not forget your insurance card
Do not forget to sign your name
Do not forget to vote in the elections
Do not forget to call your sister, your children, and your friends.

Get well
Stop worrying
Keep smiling
Do not forget to pray.

Mis quehaceres diarios

Cuídate
Cuídate
Mejórate
Toma más remedios
Toma más esteroides
Sácate más radiografías
Ve por más quimio y más infusiones
Duerme un poco
Descansa un rato.

Deja de preocuparte
Deja de quejarte
Deja de pensar
Deja de fastidiar al resto de la humanidad.

Sigue ocupada
Sigue escribiendo
Sigue cocinando y limpiando
Sigue confiando y rezando
Sigue sonriendo hasta el final del día.

No se te olvide lavar la ropa
No se te olvide recoger el correo
No se te olvide escribir las tarjetas de agradecimiento
No se te olviden las citas médicas con el doctor Smith, el
doctor Lewis y el doctor Gray.
No se te olvide llevar tu tarjeta del seguro
No se te olvide firmar tu nombre
No se te olvide votar en las elecciones
No se te olvide llamar a tu hermana, a tus hijos y a tus amigos.

Mejórate
Deja de afanarte
Sigue sonriendo
No se te olvide rezar.

A Light Within Me

My eyes close, I find refuge in the dark.
Absorbed in serene meditation,
Pondering, gazing inside myself,
I descend into the depths of my being.

Little by little, a light within me
Begins to shine, a living flame,
A burning fire, a cleansing force
Healing, purifying body and soul.

A posture of humility and deeply felt joy,
A vision, an epiphany, a daydream,
I am a guest at a luminous feast.
Light glows within me.

Una luz dentro de mí

Cierro los ojos, me refugio en la oscuridad.

Absorta, sumida en serena meditación,

Cavilo, escudriño mi interior,

Desciendo al fondo de mi ser.

Poco a poco, una luz dentro de mí

Se enciende, llama viva,

Fuego ardiente, fuerza que

Limpia, sana y purifica cuerpo y alma.

Postura de humildad y profundo gozo,

Visión, epifanía, sueño, ilusión,

Soy huésped en una fiesta luminosa.

Una luz brilla dentro de mí.

The Party Is Not Over

Poetry, says the poet, does not come
from our minds or our hearts.
It comes from our bodies,
from the fluids that flow
and shape our humanity.
Desire stands at the core
of the creative impulse.
It is a craving, a want, a yearning.

My body endowed with harmony,
rhythm and pulse,
as conceived by the Creator,
The Supreme Designer,
speaks of wonder and mystery.
My poem, a minor creation,
a fractal made of words,
aims to bring forth grit, soul, life.

My body carries a message of divine
omnipotence known as energy,
translated into its excellences:
strength, agility, and grace.
My poems draw from
these vital forces to gain knowledge
in communion with the world,
fostering an abundance of intimate delights.

Not just a fateful notion:
Ashes to ashes, dust to dust.
No, my body has a mission and a quest.
To live, to excel, to bear fruit.
My poems, simple and clear,
carry out an adventure of their own.

The Party Is Not Over (continued)

Matter and spirit intertwine
reaching deeper zones of light.

Building a body, building a poem,
the thrill of growing, maturing, flourishing.
Emphasis on form, structure, artistry,
as well as emotions, awe, ideals.
Seeking perfection, durability, precision,
while whimsical imagination flows free.
Shadows, shades, colors, dawn and dusk,
joys and sorrows, body and mind.

I will dance to the music in the air.
I will whirl with the autumn leaves
before their final fall.
I will swing with restless winds.
Time will be merciful.
I will raise my own Olympic flame,
while cherishing my poetic dream.
No, the party is not over.

La fiesta no ha terminado

La poesía, dice el poeta, no viene
ni de nuestras mentes ni de nuestras almas.
Viene de nuestros cuerpos,
de los líquidos que fluyen
y conforman nuestra humanidad.
El deseo yace en el centro
del impulso creador.
Es un afán, una querencia, un anhelo.

Mi cuerpo dotado de armonía,
ritmo y pulso,
concebido por el Creador,
El Supremo Diseñador,
comunica misterio y maravilla.
Mi poema, una creación menor,
apenas un fractal de palabras,
clama proyectar vigor, alma, vida.

Mi cuerpo entraña un destello de omnipotencia
divina, conocido como energía.
Traducida en sus excelencias:
fortaleza, agilidad, gracia.
Mi poema se nutre
de esas fuerzas vitales, fuentes del saber,
en comunión con el mundo,
avivando íntimos deleites.

Mi cuerpo rechaza la noción fatídica,
Polvo eres y en polvo te convertirás.
No. Mi cuerpo tiene su misión y su meta.
Vivir, descollar, florecer.
Mis versos claros, sencillos
están llamados a su propia aventura.

La fiesta no ha terminado (continuación)

Entrelazando materia y espíritu
vislumbran zonas profundas de luz.

Construir un cuerpo y construir un poema,
el gozo de crecer, madurar, dar fruto.
Énfasis en la forma, estructura, arte,
junto con emociones, prodigios, pensamientos,
en mira de perfección, durabilidad, precisión,
mientras la imaginación fluye caprichosa.
Sombras, matices, colores, auroras y ocasos,
alegrías y tristezas, cuerpo y alma.

Danzaré al ritmo de la música en el aire.
Giraré con las hojas del otoño
antes de su caída.
Vibraré con vientos agitados.
El tiempo me será piadoso.
Blandiré mi propia llama Olímpica
mientras acaricio mi sueño poético.
No, la fiesta no ha terminado.

Winter Garden

The somber winter spreads
its gloomy robe of faded shades.
Nature begins to wither away
announcing a long silent rest.
An unexpected gift emerges for my observant eye.
The green shrubs, in regal formation,
green for many years,
show at last a profusion of camellias in bloom,
The Yuletide, The Brilliant Crimson, The Winter's Charm.

As beauty enchants the fleeting moment,
the atmosphere in my winter garden
takes on a cheery air,
reminding the passerby
that life is filled with unforeseen joys,
and that the winter in my heart
will be renewed.
The dreams of my soul.

Jardín de invierno

El sombrío invierno despliega
su mustio manto de desvaídos tonos.
La Naturaleza languidece
anunciando un reposo largo y silencioso.
Una ofrenda inesperada emerge para el ojo que observa.
Los arbustos, alineados en regia formación,
verdes por muchos años,
exhiben por fin una profusión de camelias en flor,
Las Pascuas, la *Carmesí brillante*, el *Encanto invernal*.

En tanto que la belleza hechiza el momento fugaz,
el ambiente de mi jardín de invierno
toma un aire festivo
recordándole al transeúnte
que la vida está llena de insospechadas alegrías
y que el invierno en mí
será renovado.
Los sueños de mi alma.

Tears of Joy

Tears of joy, sighs of relief,

The dark cloud chased away.

The burden lightened,

The monster vanquished.

A miracle, someone claims.

The doctor smiles.

My daughter by my side,

My husband holds my hand.

Our hearts fill with gratitude.

We say a silent prayer.

Flowers flow forward; my house is now a garden.

Yellow daffodils, multicolor roses,

Tulips in full splendor

Hail the glories of this day.

Jubilant words pour over me celebrating my life.

I feel the wings of love and hope growing.

Exultant, I embrace the bounty and beauty

Of this early Spring.

Lágrimas de gozo

Lágrimas de gozo, suspiros de alivio,
La aciaga nube disipada,
La abrumadora carga aminorada.
Vencido el monstruo,
Milagro, alguien declara.
El médico sonríe.

Mi hija a mi lado,
Mi esposo me toma de la mano.
Nuestras almas rebosan gratitud.
Oramos en silencio.

Me colman de flores; mi casa es un jardín.
Narcisos amarillos, rosas multicolores,
Tulipanes en todo su esplendor
Ensalzan las glorias de este día.

Me empapa una lluvia de palabras jubilosas de vida.
Siento crecer las alas del amor y la esperanza.
Radiante, admiro la belleza y las bondades
De la naciente primavera.

A Day to Remember

Bells rang for me today.
I received congratulations and smiles
from the nurses and chemo friends
at the infusion center,
a special place where
science and humanity
hold hands to save lives
and give hope.

I am a vivid example of their care,
the fulfilment of their work.
Patients, facing terrifying odds,
as medicine flows through their veins,
showed me love and friendship.
They were happy for me.
I bowed before them with deep appreciation,
wishing them health and peace.

The last cycle in my cancer treatment
has been completed.
This experience has enriched my life.
I have learned humility, solidarity,
patience, and acceptance.
I have grown in strength and faith.
My creed is clear:
We are in this world to care for one another.

With a grateful heart, I embraced the nurses,
a team of professionals dedicated to serve
those afflicted by cancer.
Dressed in impeccable white,
they are human angels
who called me by name.
I was their patient and friend.
They are my inspiration.

Bells are ringing for me today.

Un día para recordar

Hoy repicaron las campanas por mí.
Recibí felicitaciones y sonrisas
de las enfermeras y de mis compañeros
de quimioterapia en la sala de infusiones,
un lugar especial donde
la ciencia y la humanidad
se dan la mano para salvar vidas
y dar esperanza.

Yo soy un vivo ejemplo, fruto de sus cuidados,
el resultado de su trabajo y sus desvelos.
Los pacientes, confrontando tristes desenlaces,
mientras la medicina fluía por sus venas,
me dieron muestras de aprecio y amistad.
Se alegraban por mí.
Yo los saludé con una venia agradecida,
deseándoles salud y paz.

El último ciclo en mi tratamiento para el cáncer
se ha cumplido satisfactoriamente.
Esta experiencia ha enriquecido mi vida.
He crecido en humildad y solidaridad,
paciencia y aceptación.
Soy más fuerte, mi fe más firme.
Mi credo es claro:
Estamos en este mundo para apoyarnos los unos a los otros.

Con gratitud, abracé a las enfermeras,
un equipo de profesionales destinado a servir
a los pacientes afligidos por el cáncer.
Vestidas de blanco impecable,
son ángeles humanos
que me llaman por mi nombre.
Fui su paciente y su amiga.
Ellas son mi inspiración.

Hoy las campanas repican por mí.

Thank you, Sir Bradley

Thank you, Sir Bradley,
my brave and noble Knight,
who slayed the dragon,
and saved
this lady in distress.

I also thank
your host of caring angels
who ministered
to the pain and anguish
inflicted by the monster.

May the thoughts, prayers, and thanks
of my family and friends
be with you
and your gallant team
always.

Cecilia Lee,
Your rescued lady.

Gracias, Sir Bradley

Gracias a usted, Sir Bradley,
mi noble y valiente caballero,
quien mató al dragón
y salvó
a esta dama en peligro.

Gracias también a
la hueste de ángeles piadosos
quienes aliviaron
el dolor y la angustia
causados por el monstruo.

Que los agradecimientos y oraciones
de nuestros familiares y amigos
estén siempre
con usted
y su galante equipo.

Cecilia Lee,
Su dama rescatada.

Remembrances

(In memory of my mother, 1913-1979)

Today I visited your resting place
And felt a pain deep inside.
Tears flooded my eyes.
I recalled your journey on this earth,
Your sorrows and your joys intertwined
Your courage and wisdom
The abundance of your love
Your gentle hand leading our way,
Oh, dear Mother.

Cancer took you away from us
Almost a half a century ago.
The Andean mountains, sentinels of time,
Your faithful guardians.
Gazing at the grass
That covers your remains,
I whispered my request,
That you watch over us,
Oh, loving Mother.

With red roses, I adorned your stone
And felt a glowing peace
Radiating from these sacred grounds.
I admired the expanse of flowers
Embellishing this garden of remembrances,
The hovering iridescent hummingbirds
Sipping their nectar,
The weeping willows bowing their limbs
To caress your fertile meadow,
Oh, generous Mother.

Remembrances (continued)

A cool breeze chilled the air
In the tranquility of the valley.
The forlorn whistle of a train waned
In the distance.
With grateful heart I bid a sad farewell.
Immersed in thought, I moved away.
Your spirit lives in me. We're bound forever.
Rest in Peace,
Oh, sweet Mother of mine.

Remembranzas

(En memoria de mi madre, 1913-1979)

Hoy visité tu tumba
Y sentí un dolor clavado en mis entrañas.
El llanto me anegó.
Recorrí tu jornada en esta tierra,
Tu pena y tu alegría conjugadas
Tu valentía y tu prudencia
La abundancia de tu amor
Tu sabia mano guiando nuestra senda,
Oh, Madre amada.

El cáncer te llevó de nuestro lado,
Hace ya casi medio siglo.
Los picos de los Andes, centinelas del tiempo,
Tus fieles guardianes.
Y yo ahí, mirando el césped
Que cubre tus despojos
Te susurré mi ruego,
Que desde tu Cielo nos miraras,
Oh, Madre bondadosa.

Con rosas rojas adorné tu lecho
Y sentí la inmensa paz
Que irradia el camposanto.
Admiré la frescura de las flores
Que embellecen este jardín de remembranzas.
Los colibríes iridiscentes suspendidos en su vuelo
Liban el néctar del sustento.
Los sauces llorones doblegando sus ramas
Acarician tu prado,
Oh, Madre generosa.

Remembranzas (continuación)

Una brisa fría abatió el aire
En la tranquilidad del valle.
El silbido lastimero de un tren se disipaba
En la distancia.
Me despedí de ti, agradecida.
Con paso quedo y pensativa me alejé de tu morada.
Tu espíritu vive en mí. Por siempre unidas.
Descansa en paz,
Oh, dulce Madre mía.

Songs of Life and Hope

Oh, my soul, what is your secret?
What are your dreams?
Always searching for glorious harmonies,
Music of angels and the spheres,
The soul of the world.
Longing for the beyond, the eternal beauty,
Singing of life in all its purity.

Yet, inhabiting my body,
A mortal dwelling rooted on earth,
Pain, sorrow and doubt
Enter your domain,
Oh, my soul.
I steer my steps on my daily journey,
Singing of hope for all things good.

Oh, my soul, follow the eagle's flight
Soar the luminous skies
Unveil the mysteries
Illuminate the shadows.
But, remain within me,
Nestled in my bosom
Singing songs of life and hope.

Cantos de vida y esperanza

Alma mía, ¿cuál es tu secreto?
¿Cuáles son tus sueños?
Siempre en busca de gloriosas armonías,
Música de ángeles y de las esferas,
El alma del mundo.
Anhelas el más allá, la belleza eterna,
Cantando a la vida en toda su pureza.

Pero hospedada en mi cuerpo,
Mortal morada aferrada a la tierra,
Entran en ti,
Oh, alma mía,
El dolor, la duda y el miedo.
Yo dirijo mis pasos en mi diaria jornada
Cantando a la esperanza.

Sigue, alma mía, el vuelo de las águilas,
Elévate por los cielos luminosos
Descubre los arcanos
Ilumina las sombras.
Pero, quédate, vive en mí,
Acunada en mi pecho
Cantando cantos de vida y esperanza.

Traveling Light

Climbing a rocky mountain, step by step,
burdened with my heavy backpack,
I plead for a helping hand.
But I am alone on this journey.
An errant soul, striding along.

I reach the rugged top, the climax of my quest.
Catching my breath, I begin to unload
handfuls of sorrows, plenty of trials and distress,
pounds of fears, sadness and heartaches.
I cast them to the wind, adieu.
A leap of faith.
A flock of black birds cuts across the sky.

Downhill, I travel light,
my backpack full of hope.

Ligera de equipaje

Paso a paso, subo la empinada cumbre,
agobiada por el peso de mi mochila.
Si alguien me tendiera su mano,
pero yo voy sola en mi camino.
Alma errante, andar y andar.

Alcanzo la rugosa cima, clímax de mi búsqueda.
Respiro hondo y comienzo a desempacar
puñados de tristezas, cantidades de angustias y pesares,
cúmulos de miedo, amarguras y sinsabores.
Los lanzo al viento, adiós.
Un acto de fe. Un salto al vacío.
Una bandada de pájaros negros cruza los cielos.

En el descenso, voy ligera de equipaje,
mi mochila cargada de esperanza.

Acknowledgements

I wish to thank my husband Carey, my first reader, for his suggestions and his constant reassurance, and my children Phillip and Susana for their interest in my poetry. I thank my daughter Sara for her unfailing encouragement, and my grandchildren, Alec, Kaylee, Olivia and Paige for their enthusiastic response to my poems.

I also want to express my appreciation to Marjorie Snipes, Geri Rogers, Robert Covel, Eleanor Hoomes, Richard Anderson, Cliff Perkins, Mark LaFountain, Donna Spivey, Claire Baker, Penny Lewis, Beverly Brummer, Luz Marina Escobar, Claudia Lancheros, Frank A. Rogers, Mary O'Neill, Carlos Vásquez-Zawadzki and my fellow writers of the Carrollton Writers Guild, Just Poetry and Pen Pals for their support. I am proud to be a part of these creative groups.

Special thanks to artist Pattie Garrett for allowing me to use her beautiful and idyllic oil painting, "The Dreamer," for the cover of this book. After retiring from the field of education, Pattie turned to her love of painting. She received the honor of becoming a Juried Member: Best of Missouri Hands.org. (BOMH). Her art has been featured in galleries, exhibits and juried events across the state of Missouri where she lives, as well as on-line galleries. Her paintings are found throughout the United States, as well as abroad.
PattieGarrett@Gmail.org
Www.BestofMissouriHands.org/PattieGarrett

I acknowledge the subtle echoes of poets San Juan de la Cruz, Juan Ramón Jiménez, Asunción Silva, Rubén Darío, Antonio Machado, Carlos Vásquez-Zawadzki, Fermín Fernández y David Wojahn.

Cecilia Castro Lee
Carrollton, Georgia, 2020

Agradecimientos

Agradezco a mi esposo Carey Lee, mi primer lector, sus valiosas sugerencias y constante estímulo, a mis hijos Phillip y Susana su interés en mi poesía y a mi hija Sara le doy sinceras gracias por su continuo apoyo y sabios consejos. A mis nietos Alec, Kaylee, Olivia y Paige les doy las gracias por su entusiasta respuesta a mis poemas.

También quiero expresar mi gratitud a Marjorie Snipes, Geri Rogers, Robert Covel, Eleanor Hoomes, Donna Spivey, Richard Anderson, Cliff Perkins, Mark LaFountain, Claire Baker, Penny Lewis, Beverly Brummer, Luz Marina Escobar, Claudia Lancheros, Frank A. Rogers, Mary O'Neill, Carlos Vásquez-Zawadzki y a las sociedades de escritores y poetas de Carrollton, Georgia, por su apoyo y acogida a mi poesía. Me complace y me honra ser parte de estos grupos de escritores.

Le doy gracias especiales a la artista Pattie Garrett por facilitarme su bella e idílica pintura, "The Dreamer," para la cubierta de este libro. Después de su jubilación en el campo de la educación, Pattie volvió a su pasión por el arte. Ella tuvo el honor de ser nombrada miembro de la organización, BOMH, la cual distingue a los mejores artistas de Missouri. Sus cuadros han sido exhibidos, como artista principal, en galerías y eventos con jurado en el estado de Missouri donde ella vive, y también en galerías en línea. Sus cuadros se encuentran en todos los Estados Unidos y en el extranjero.
PattieGarrett@Gmail.org
Www.BestofMissouriHands.org/PattieGarrett

Reconozco agradecida la sutil huella de los poetas San Juan de la Cruz, Juan Ramón Jiménez, Asunción Silva, Rubén Darío, Antonio Machado, Carlos Vásquez-Zawadzki, Fermín Fernández y David Wojahn.

Cecilia Castro Lee
Carrollton, Georgia, 2020

In Praise of *The Party Is Not Over*

"This amazing collection of poems takes the reader on a journey of shock, resistance, bargaining, and then, rising up against all odds, hope, promise and gratitude. It is a pilgrimage we can understand, whether or not we have been touched personally with cancer. It speaks to the beautiful ways we live with and bear our mortality and the indebtedness we have to life. Lee's gorgeous craft shines through in the precision, clarity of her language, and her ability to articulate those deep and immortal emotions we all know by heart."

Marjorie M. Snipes, PhD., Professor of Anthropology, University of West Georgia. Author of *Montana, Winter Days* and of scholarly essays in her field. She co-edited with Frank Salamone, *The Intellectual Legacy of Victor and Edith Turner* (2018).

"*The Party Is Not Over* is a genuine heart grabber. With her rare gift for poetry, Cecilia Castro Lee gives us a powerful, personal story we won't soon forget. From beginning to end, this poet's true-life tale allows us into her private world where faith, courage, and love from family and friends battle pain, fear, and nagging doubts in a struggle for life against a common killer. This heart-lifting story is one you will recommend to close friends and loved ones. Buy extra copies. You won't be sorry. Years ago, I was almost fluent in Spanish, but I have not used that language in many years. Even so, I found myself reading the verses in Spanish after I read them in English. That added another dimension to the story and to the artistic appreciation of this poetry book."

Frank Allan Rogers, author of *Glitter on the Rocks*, *Vagabond Blue*, *Twice Upon a Time*, and *Upon a Crazy Horse*

"In Cecilia Castro Lee's *The Party Is Not Over*, the reader journeys with the poet through her battle with cancer. Written with courage and grace, the poems are moving and motivating. She achieves meaning and creates order from the universality of adversity. Her poems illuminate what is of value and connect us to each other. Ultimately the poems are uplifting, ending with hope."

Eleanor Wolfe Hoomes, Ph.D., author of *Bread and Roses, Too*, *Eye of the Beholder*, *Green Thumbs*, and *Driving with my Blinker On*

"Cecilia Castro Lee's collection of poems *The Party Is Not Over* is an intimate, honest revelation of her battle with cancer. From the fear of her diagnosis, through the struggles and hope of her treatment, to the joy of being pronounced cancer-free, Lee shares her feelings and experiences with the reader. Her poems are filled with poetic language and clear metaphors and images that ground her experiences in her life. As a cancer patient, Lee finds strength in her doctors, her friends, and her family, as well as in her own fortitude. Her religious faith is like a guardian angel that hovers over the poems.

While Cecilia Lee writes her poems in English and in Spanish, she speaks to the reader through the language of the heart. Anyone who has experienced cancer, or who has shared the experience with a loved one, will treasure these poems."

Dr. Robert C. Covel, author of *String Theory*, *Wind Song*, and *Twilight of the Gods*

Weaver of Life and Poetry

As the poet weaves body and poetic writing, trembling and fearful threads interlace with Light and Epiphany: hope and joy. The weaver endures nightmares and stormy nights because of a monster who throbs crouched in the fabric woven by her hands: it is the illness intending to destroy her body and her writing, even the tapestry of her desires, dreams, and life. But the weaver counts on Sara's gentle hands, the blessing of friendship, her granddaughters' hearts of gold, and an entire host of angels, "human to the core, touched by the divine." Then, the precious vital and poetic texture advances. The weaver ponders, descending to the depths of her soul: there she finds an inner light, flame or fire, that will heal, cleanse, and purify. "She is a guest at a luminous feast."

And "the party is not over" because "poetry comes from our body," and "desire is at the center of the creative impulse." Her body becomes "harmony and pulse" with "sparkles of divine omnipotence." And her poems reveal deep zones of light. The weaver builds her body and her poem: "the thrill of growing:" "emphasis on form," "seeking perfection, durability and precision." Thus, "she will dance to the music in the air, and will whirl with the autumn leaves before they fall." Festive atmosphere: life will bring her unforeseen joy.

Weaving body and poetry, she will shed tears of joy: the defeated monster has disappeared from the magnificent tapestry. It is time for gratitude singing "songs of life and hope." The weaver will be able to travel light with her dreams of life and poetry. She is an act of faith in life and poetry.

Carlos Vásquez-Zawadzki is a Colombian poet and writer, distinguished with the Gustavo Adolfo Bécquer International Poetry Award, 2016. He is author of *Espirales, Poesía ininterrumpida, Auguste Rodin, Pensar con las manos, Una impura tarde de verano, Sol partido en la naranja, La oreja erótica de Van Gogh.*

En alabanza de *La fiesta no ha terminado*

"Esta asombrosa colección de poemas lleva al lector por un viaje emocional de choque, resistencia, regateo, y luego, en lucha contra la adversidad, se abre a la esperanza, promesa y gratitud. Es un peregrinaje que podemos comprender aun sin haber sido tocados personalmente por el cáncer. El poemario nos hace partícipes de las hermosas maneras en que vivimos y sobrellevamos nuestra mortalidad y la deuda que tenemos con la vida. La bella creación artística de Cecilia Castro Lee brilla a través de la precisión, la claridad de su lenguaje y la habilidad para expresar las insondables emociones que todos conocemos a fondo."

Marjorie M. Snipes, PhD., es profesora de Antropología, Universidad de West Georgia. Es autora de *Montana, Winter Days* y de ensayos académicos en su campo con Frank Salamone publicaron *The Intellectual Legacy of Victor and Edith Turner* (2018).

"*La fiesta no ha terminado* es un poemario que atrapa corazones. Con su especial don para la poesía, Cecilia Castro Lee nos ofrece una poderosa historia personal que no olvidaremos fácilmente. Desde el comienzo hasta el final, el poemario nos da acceso al mundo privado de esta poeta donde la fe, el valor, el amor de familia y amigos batallan contra el dolor, el miedo y dudas perturbadoras en lucha por la vida y en contra de un enemigo mortal. Este poemario levanta nuestro espíritu. Usted, lector, lo recomendará a sus amigos y seres queridos. Compre copias extras. No se arrepentirá. Años atrás, yo hablaba español con fluidez, pero no he usado esta lengua en mucho tiempo. Aun así, me entregué a la lectura de estos poemas en español después de leerlos en inglés. Esta lectura añade una nueva dimensión a la historia y a la apreciación artística del poemario."

Frank Allan Rogers, autor de *Glitter on the Rocks, Vagabond Blue, Twice Upon a Time*, and *Upon a Crazy Horse*

"En *La fiesta no ha terminado* de Cecilia Castro Lee, el lector recorre con la poeta su batallar contra el cáncer. Escritos con valentía y gracia, sus poemas conmueven y motivan. La poeta logra hallar sentido y crear orden dentro de la universalidad de la adversidad. Sus poemas iluminan lo que de verdad cuenta y nos conectan el uno con el otro. En su totalidad los poemas elevan e inspiran y culminan con la nota de esperanza."

Eleanor Wolfe Hoomes, Ph.D., autora de *Bread and Roses, Too*, *Eye of the Beholder*, *Green Thumbs*, and *Driving with my Blinker On*

"La colección de poemas *La fiesta no ha terminado* de Cecilia Castro Lee es una revelación íntima y honesta de su batalla contra el cáncer. Desde el temor del diagnóstico, a través de las luchas y esperanzas de su tratamiento, hasta el gozo de sentirse liberada, Lee comparte sus sentimientos y experiencias con el lector. Sus poemas están colmados de lenguaje poético y claras metáforas e imágenes que corroboran las experiencias en su vida. Como paciente de cáncer, Lee encuentra fortaleza en su médico, sus amigos y su familia, como también en su propia fortaleza moral. Su fe religiosa es como un ángel guardián que se desliza sobre sus poemas.

Aunque Cecilia Lee escribe sus poemas en inglés y en español, ella le habla al lector en el lenguaje del corazón. Cualquiera que haya sufrido la experiencia del cáncer, o que haya acompañado a un ser querido durante esta experiencia, apreciará estos poemas como un verdadero tesoro."

Dr. Robert C. Covel, autor de *String Theory*, *Wind Song*, and *Twilight of the Gods*

Tejedora de vida y poesía

En el telar del cuerpo y la escritura poética, se entretejen hilos temblorosos y desfallecimientos, a hilos de Luz y Epifanía: esperanza y alegría. La tejedora vive pesadillas y noches de tormentas porque un monstruo palpita agazapado en el tejido que sale de sus manos: es la enfermedad, intentando destruir cuerpo, escritura y aun el telar de sus deseos, sueños y vida.

Pero la tejedora cuenta con las suaves manos de Sara, las bendiciones de la amistad, los corazones de oro de sus nietas... Y toda una hueste de ángeles, "humanos hasta el fondo con fulgores divinos". Entonces, el precioso tejido vital y poético avanzará. La tejedora meditará, cavilará, descenderá al fondo de su ser: allí encontrará una luz interior, llama o fuego, para sanar, limpiar, purificar: "Estoy en una fiesta luminosa".

Y la fiesta no termina, porque la "poesía viene de nuestros cuerpos ", y el deseo está "en el centro del impulso creador". Su cuerpo será armonía y pulso, al tiempo que "destello de omnipotencia divina". Y sus versos vislumbrarán zonas profundas de Luz. La tejedora, así, construirá su cuerpo y el poema, "gozo de crecer" con "énfasis en la forma" y los hilos en el telar se tensarán de perfección, durabilidad y precisión". Así, danzará al ritmo de la música en el aire y girará con las hojas del   otoño antes de la caída. Aires festivos, la vida traerá insospechadas alegrías.

Ocurren ahora, sus manos en el telar de su cuerpo y su poesía, lágrimas de gozo: el monstruo ha desaparecido de la tela magnífica, ha sido vencido. Es hora de gratitudes. Y fue cantos de vida y esperanza. La tejedora podrá viajar con sus sueños de Vida y poesía, ligera de equipaje. Ella es un acto de fe en su vida y en su poesía.

Carlos Vásquez-Zawadzki es un poeta y escritor colombiano distinguido con el Premio Internacional de Poesía Gustavo Adolfo Bécquer, 2016. Es autor de *Espirales*, *Poesía ininterrumpida*, *Auguste Rodin*, *Pensar con las manos*, Una *impura tarde de verano*, *Sol partido en la naranja*, *La oreja erótica de Van Gogh*.